이때쯤이면 무밥을 먹는다

신소미(愼邵躾)
본명 신용은 愼鏞殷
〈한국문인〉 시 등단 (2015)
〈한국문인〉 수필 등단(2016)
동화작가
영등포문학백일장 산문 대상,
전국김소월백일장 시 장원
김소월문학회 부회장, 한사랑예술 부회장
경복신문문협 부회장, 대산문학 이사

이때쯤이면
　　무밥을 먹는다

신소미
제1시집

한국문인 출판부

시인의 말

초록 물결 반짝이는 긴 빛 빨간 장미
저마다 꽃들의 잔치가 어느 것 하나 아름답지 않는 것이 있을까요!

흐드러지게 핀 아카시아 향기에 마음 흔들리는 오월.
꿈을 접지 못하고 부끄러운 시를 모아 세상 밖으로 내어놓기로 하였습니다.

그리움으로 숨죽이며
어머니 가슴 더듬듯
청매실 알알이 행각을 따다 매실청을 담금니다.
숙성되지 않아 먹기는 때 이른 것 같습니다.
시집을 읽으시고 한 분의 독자님일지라도 공감과 감동을 줄 수 있다면 영광이라 생각합니다.

첫돌박이 훈육하신 이철호 교수님께 진심으로 감사드립니다. 호랑이 선생님 저에게 시의 등대가 되어주신 경암 이철호 교수님!
제자 사랑 바보, 호랑이 교수님!
부디 만수 무강하시길 기원드립니다.

함께하신 선배님, 문우들께도 고마움을 전합니다

가정이란 울타리 안에서 행복을 엮어준 남편, 아들 며느리 손자 손녀 사랑한다는 말 전하고 싶습니다.

2023년 5월

신소미

차례

시인의 말 …4

1부 고향

감 …… 12
그리운 것은 …… 14
동행 …… 16
가을 여정 …… 18
까치설 …… 20
내 안의 너 …… 22
광대 …… 23
우물 긷는 할아버지 …… 24
수승대 거북바위 …… 27
설중매 …… 29
엄마손 약손 …… 31
그대 있음에 …… 32
고등어자반 …… 34
오월의 향기 …… 36
늦가을 고향 …… 39
이때쯤이면 무밥을 먹는다 …… 40
접시꽃 …… 42
고향 …… 45
사계의 고향 ……　47

2부   낙엽 위에 핀 꽃

세밑 동산 연가 ····· 48
강물은 흐르고 ····· 52
낙엽 위에 핀 꽃 ····· 54
동년회 ····· 56
별과 같이 ····· 58
기찻길 ····· 59
곶감 ····· 61
꿀단지 ····· 62
고향집 ····· 65
과천의 가을 ····· 67
새빛섬 능수버들 ····· 68
그림자도 밟을 수 없는 그대 ····· 70
어느 날 문득 ····· 73
오래된 숲 ····· 74
춤추는 한강 ····· 77
농월정 ····· 78
봄이 노래하네 ····· 81
관수루 학춤 ····· 83

3부 숨어 울던 작은 새

숨어 울던 작은 새 …… 87
찔레꽃 필 때면 …… 88
마음밭 하늘에 걸어두고 …… 91
가을비 소리 …… 92
가을 남자 …… 95
신부여! …… 97
사랑한다는 말 …… 98
장미 …… 100
씨앗을 위한 찬가 …… 103
기억의 보름달 …… 105
사월의 오후 …… 106
천개의 질문 …… 108
찔레꽃 사랑 …… 110
다시 새순이 날거야 …… 112
마음의 창 …… 114
무궁화 꽃이 피었습니다 …… 115
93세 할머니의 증언 …… 116
거북바위는 알고 있다 …… 119

4부   구월의 노래

2월의 숨소리 ····· 123
너를 기다리다 ····· 125
봄은 왔는가 ····· 127
입춘대길 ····· 128
봄으로 밥상을 차리다 ····· 129
매화 가지에 앉아 ····· 131
여름 바다 ····· 132
한여름 밤의 행복 ····· 135
가을 ····· 137
구포 나루 연가 ····· 138
가을비 ····· 140
가을 편지 ····· 143
구월의 노래 ····· 144
찔레꽃 ····· 146

신소미 시인의 문학세계
       – 이철호 (문학평론가, 소설가)   148

1부
고향

감

용광로 속 둥근 달아
수백 개의 달을 따던 손목의 마디마다
장대 닮았다
대나무 끝 매달린 붉은 달과
손목도 울었다

발가벗은 알몸
새끼줄에 매달려 곡예를 하며
가을바람에 춤추고 양광에 몸 맡겨
수백 번의 사랑 속에 하얗게 분바르고
오색실로 탑을 쌓는다

오일장 기다리던 기린목
첫눈 내리면 시집간다
엄마의 긴 숨소리
강물로 흐른다

그리운 것은

푸른 잎 훔쳐 간 바람과
떠나간 그대가 아니라
지나간 세월임을 이제야 알았어요

사계절 윤회의 인생이라는 거
두려움 하늘빛에 걸어두고
봄을 사랑하여
봄 동산에 싹은 움트고 꽃은 피는데
초록의 빛으로 다시 올 순 없을까요

그대 손 잡고 다시 온다는
미련따윈 생각지 마오
한낱 꿈이라오

은빛 꽃 피고야 알았네요
그리운 것은

서녘 하늘에 붉게 타는 노을

바람 부는 눈꽃으로 찾아오는
시린 그날들

동행

내 안에 있는 당신
가슴 깊이 쌓이는 그리움
가끔은
흔들리는 잎새가 되었다가
안개비 내리는 날엔
길섶 모퉁이 이름 모를 들꽃으로

내 마음 흔들고 가는
잡을 수 없는 그대의 바람

마음 안에 피는 꽃
푸른 심연의 숲은 설렘과 행복
긴 빛이어라

가을 여정

청자빛 조각구름
맨드라미 닮은
붉은 내 입술
가을 잎새처럼 곱다

그대를 위한
애절한 세레나데
몽실 몽실 피어나는 그리움

항아리 속 구절초
새벽 이슬 떨구니
바람결에 짙은 향기
마침내 하나 둘 써내려간 연서
뚝뚝 떨어진 낙엽되어
갓 올린 사내의 가슴팍을
휘젓어 놓았다

서걱이는 갈대숲은 한세상 짊어지고
떠나가는 나그네
가던 길 멈추고 자꾸만 뒤돌아보며
춤사위 펼치는 향연
눈시울 붉히는
너만을 기다리는 나의 가을아

까치설

섣달 그믐 밤에 잠을 자면
눈썹이 하얗게 세어
꼬부랑 할머니가 된다며
호롱불 밑에서 어머니가 지어 주시던
노란 명주 저고리 검정 치마
곱게 차려 입고
언니 오빠 손잡고
사랑채 쌍문 열어 젖히고
묵은 세배 올리면
긴 담뱃대 드리운 채
흥얼흥얼 글 읽으시던
울할아버지 수염이 꼭 산신령님이셨다

오냐
지난 한 해도 건강했으니
새해에도 잘 뛰놀아라

말씀하시던 울 할아버지
그리움이 눈처럼 쌓여가는
섣달 그믐 밤
할아버지 목메어 불러보는
그 손녀의 눈썹에도 어느덧 눈이 내린다

내 안의 너

남산 위 구름
서울의 하늘
붉은 태양 안았던 한 세월
어언 네 번의 바람이 지났다

청운의 꿈 찾으러
펑펑 내리는 함박눈
이정표 없는 설원
막힌 마음 휘젓는다

나목 사이로 십자가의
불빛이 손잡아 주고
맑았던 바람
언어의 실타래 감아

먼 훗날 이름 석자 남겨두리

광대

파란 하늘에 빨래줄 걸고
오방색 나풀대는 구름
가녀린 두다리 수수깡되어
부는 바람 잡고 후들대며 비튼다

호숫가 백양나무 달빛 이고
가야금 탄다
외줄 타는
춤추며 행복했다
바람에 흔들리는 수수깡
밝은 빛 안고
창조의 언어 떨어진 씨앗
낙엽 이불 덮고
긴 빛 먹으며 쓱쓱 키재기한다
`

우물 긷는 할아버지

사막에 우물 하나 물 긷던 님
생명의 젖줄이고 천재지변의
방패막이였다
새벽마다 우물 긷던 손 해를 안고 뒹군다

사월이 되면 감나무 잎 연둣잎
우물안 거울을 본다
빛나는 삶을 예비하셨던
영혼의 바위셨던 그 임

새벽에 물 길러 삶의 정수리에
아니 민초의 정수리 맺힌 땀을
퍼부어 씻어 주셨던 손
감사의 잎새마다 빛으로 오셨다

그님 오월은 더 푸르다

초록의 용광로 퍼올렸던 우물
뚜껑은 닫히고
우레같은 박수는
세월의 강으로 흘러만 갔다

아, 나의 할아버지
긴 담뱃대 물고
우물망 퍼올리셨던
할아버지!
그 가르침 귀에 쟁쟁
하늘을 맑았다

수승대 거북바위

바위은 울고 있었다
위수에 발 담그고
노송에 드리운 달빛 안고
그 님 내려올까 기다리는 긴 세월

거북바위 쪼아대는 정에 맞아 상처난 몸
덧없는 세월 노래했건만
입다문 두 눈 박살난 언어 줍는
석수 예술인가
교훈인가 온몸 내어주었던
푸른 물 까만 깨 뿌린 몸
침묵하노니 그대

설중매

싸락눈 사박사박
마른 가지 흔들어
잔설 이고 벙근다

가녀린 빛 더듬던 기다림
푸르스름 새벽별 손 내밀 때
회색 숨 토해낸다

살얼음 쪼개
하얀 옥양목 저고리
그리움 털어
달빛에 걸어둔다

하얀 입 가득 환희로
오기는 봄이
가슴을 뛰게 한다

엄마손 약손

깔꾸리 엄마 손이
배앓이 할 때면 의사가 된다

빙빙 시계 그리던 손에
배꼽이 놀라 아우성쳤지

세월이 할퀴고 간 손
씻은 듯 사랑으로 나았지

그대 있음에

17대 종부셨던 당신은
구중궁궐 외로운 한 떨기 백합이셨습니다
해당화 거친 숨결로
자장가를 불러주셨던 당신은
내게 세상의 전부를 가져다 주셨습니다

열심히 공부해라
상록수로 자라거라
귓가에 쟁쟁한 당신의 목소리
아직도 꿈을 꾸고 있습니다

한 맺힌 삶을 사셨던
내 어머니
바위산 쪼개셨던 그 숨결

명절이 되면 제 가슴도

용광로 숨 토해냅니다

당신은 한 송이 백합이셨습니다
해당화 숨결로 그리움이 되었습니다

고등어자반

푸른 등 얼룩무늬
파도처럼 일렁인다
밥상에 자주 올려지는
흔한 생선

눈이 풀풀 내리면 석쇠 위에
노릇하게 구운 고등어자반
토막 내어 어른 진짓상에만 올렸던
그땐 귀한 생선이었지

오늘 따라 노릇하게 구운 생선이
목에 걸린다
식사 때 되어
풍성한 밥상을 쳐다보면
가슴부터 메어 온다

가신 임 그리며
생선을 멀리하는 습관은
그때의 기억 때문이리

오월의 향기

해당화로 웃으시는
임이시여!

오월의 향기는 흔들리고
감꽃 목걸이
클로버 꽃반지
자운영 꽃방석 마음 설레니
푸른 하늘에
카네이션을 단다

오월의 젖내음
그리움으로 밀려오면
하늘에는 온통 그대 모습으로 가득찬…

늦가을 고향

어머님, 그리움이
낮달로 뜨는 날에
덩그러니 남아 있는 까치밥

이때쯤이면 무밥을 먹는다

칼바람 속 천지는 설원
먼 산 푸른 소나무 가느다란 햇볕이 따뜻하다

무채 써는 소리
탁닥 탁닥 손이 시렸다
땔감 부족으로 안방은 냉골이었다
아랫목은 자식들 내어주고 긴 밤 추위를 안고
옛이야기 들려주시느라 당신은 서리꽃으로 피었다가

무채 써는 소리로 아침을 깨운다
덜큰한 무밥 냄새가 청솔가지 향긋한 연기에
문지방을 넘어왔다

묵은 간장 대파 송송 고춧가루 마늘 다진 것
깨소금 동동 참기름 살짝 무밥 양념장

어머니의 손맛

두레상에 옹기종기 둘러앉아 먹던
뜨끈한 무밥
삭힌 황금빛 고춧잎김치 동치미 나박김치 깻잎
하동김 잿불에 살짝 구워 놓고
된장 뚝배기 보글보글
사랑도 뜨거웠다

철부지 머리에 목화꽃이 핀다
두레상 둘러앉아 먹던 무밥
그리움의 긴 강이 흐른다

접시꽃

빨간 접시꽃은 유월의 태양
강산은 초록 날개 달고 승천하는데
불타는 잎새마다 실타래 담아
허공을 빗질한다

폭염을 이고 콩밭에서 어머니의 헤진 고무신
시름 담고 짠물로 세수하던 모습 애잔해

한 입 물고 쓰다듬고
젖가슴 비비며 젖 먹다
깨어보니 꿈이었네

불타던 접시꽃
그대 향기
조각 구름 사이로 피어난다

고향

바람이 이끌어
다다른 곳
46년 돌아온 길

아직도 붙어 있는
아버지 문패
하염없이 삭아가는데

고개 들어 눈물 감출 때
구름 사이 내미는 그분의 얼굴
앞마당 배롱꽃은 여전히 붉은데…

사계의 고향

주인 없이 턱 버틴 무궁화
봄부터 가을까지
이끼 낀 담장만 바라본다
서산에 걸린 태양
붉게 타오르고
훌쩍 자란 나리꽃이 울타리 너머 하늘거린다
바람이 몰고 온 들녘
아직도 그대로인데
나는 어이 눈꽃이 피고
하늘 소리만 들었는가

2부
낙엽 위에 핀 꽃

새말 동산 연가

봄비 내리면
계곡마다 생명을 잉태하고
운무 깔린 바람 찬 동산에
제비꽃 산수유 연분홍 웃음꽃 터트리네
진달래 꽃잎 따서 먹던
옹달샘 솟아나는 초록의 가슴에
무지개로 피어나던 새말 동산
봄꽃 꺾어 머리에 꽂고
노고지리 넘나들던 그리운 동무들아
가슴의 고동 소리 메아리로 들려오고
물에 띄운 꽃 편지 흘러가건만
자산새 부리 닮은 연둣빛 잎새
솔 연기 아득히 피어나는 새말동산아

강물은 흐르고

꽃이 피던 시절이 있었다
무지개 걸어 놓고
아지랑이 피는 언덕을
새털처럼 가볍게 올랐다

희망과 소망
감사와 인내
푸르른 잎새마다
새겨 놓은 발자국

뜨거운 태양 아래
벌거벗은 몸, 살아야 하는 굴레
긴 여정 은빛 머리 빗질하며
아름드리 나무 아래서

문득 내 발자국 뒤돌아 본다

매미 소리 강물 소리
바람 잠든 한가한 오후
푸른 숲 하늘은 맑다

낙엽 위에 핀 꽃

타오르는 홍엽
만상의 가을 산
메마르던 눈동자도 일렁이고
푸르던 잎새마다
아로새겨진 맑은 빛
소슬한 가을바람
낙엽은 빗물 되어 흘러내리고
뚜욱 뚝 떨어지는 잔상
청운의 꿈도
파아란 마음도
떠나는 잎새에 묻어 두고
은하가 흐르는 새벽길
동백꽃 피고 지고
낙엽 위에 핀 꽃

동년회

우정의 꽃들이 함께 모였다
다섯 채 집을 짓고
머리엔 은빛 바람이 내려앉고

추억은 시작이다
함박웃음 절정이다

포도주로 건배하는 손
모두가 푸른 잎들로 춤을 춘다

우정의 은거로
황혼기를 날려보내고
청보리만큼이나 정겹다
우정의 불꽃이 튀는 순간마다
행복 꽃이 핀다

별과 같이

사람이 가장 아름답다
사모하여

이슬 먹고 향기 나누는 꽃처럼
밤마다 오고 가는
슬픈 눈을 가진
새벽 하늘 별이 되리라

은하수 오작교 건너온
나의 사랑아

기찻길

하얀 칼라 풀 먹여 달아 입고
까만 플레어스커트 흔들며
갈매기 불러 모으던 곳
철길 따라
언덕엔 고개 숙인 백합
봄볕에 하얀 미소
향기는 하늘에 닿고
기린 목 빼고
동해바다 자맥질하던
기억
기차는 달려오려나

곶감

보송보송 하얀 분 바르고
호랑이도 무서워 도망가는
달콤한 그 맛
곶감을 먹었다

양가 부모님 허혼으로 약혼 기간
1년 내내
무지개 걸린 하늘 바라보며

사랑을 배우고
행복도 맞이하고
꿀단지 이고 살았네

꿀단지

꿀단지 옆에 끼고 산다
사랑하면 모두가 행복하다
만병의 명약

그대 숨소리 들릴 때
가슴에 뜨거운 용광로
태양으로 빛나고
꽃길만 걷는 우리들의 사랑,
사랑은 위대하다
그 사랑 영원하리라

고향집

덕유산 끝자락 견고한 토담집
적막이 너무 무거워
고개 숙였던 배롱나무

쪽빛 하늘도 초추의 양광에 깨지고 부딪혀
형체도 색도 보이지 않는
학동들의 소리 허공을 헤매이네

담쟁이넝쿨 손잡아 토담을 감싸 안고
산비탈 헤집어 알밤 줍던 동무들
한가위만 같아라 노래 부르던 그 시절

무지개 걸어 두고 떠났던 타양살이
송편 빚던 그 얼굴 둥근 달 속에 그려놓고
여백을 채운다

과천의 가을
-경암 교수님께

당신을 향해 쓰고 싶은 말들
맑은 하늘은 단풍잎으로 타 버립니다.

산 넘어 건너 온 열매와 씨앗
그대의 당부 유언처럼 써 내려갑니다

하늘이 호수에 내려옵니다
붉게 타는 간절한 잎들
타는 정 두고 간 옛 그림자!

흰 무명옷에 심연의 주름
행복 베틀 앞에 긴 밤 밝히는 달빛으로
사랑을 짜겠습니다

만상의 가을 수채화
당신의 마음 가득
쓰고 싶던 말들이 물들고 있습니다

새빛섬 능수버들

메말랐던 가지에
가야금 연무를 빚어 내린다

연둣빛 머리 동백기름
자르르 빗질하고
살랑바람 맞아 둥기둥 둥기둥
함박웃음 유혹하네
잎새마다 반짝반짝
오색실 엮어 걸려나

한강물 걸음 멈춰
봄바람 손잡고 춤을 춘다
밤이면 별 잔치
세월도 동여매고

노들강변 능수버들

명경 속 한강 물 사모하다
시간은 달 먹고
혼자 가려네

그림자도 밟을 수 없는 그대
– 스승을 생각하며

생명수 내린 마른 가지
파릇파릇 숨고르기 한다

안개 걷힌 새 아침 향기로 필 때면
찬란한 햇빛이 너를 보고 춤춘다

봄비 맞으며 덩달아 춤추는
오감으로 피어나는 너의 모습

찬란한 빛과 바람 그리고 비
목 비틀어 떨구던 마른 가지에
차곡차곡 채워서
생명수 뿌리는 지혜의 키를 키운다
벌 나비 모여드는 향기 속 정원

어느 날 문득

노란 병아리 하품하며
졸고 있던 어느 정오
창밖 햇살이 그림을 그린다

심연의 고동 소리
살아계신 임
소슬한 잔설이 숨 쉬는 청계산

춤추는 횃불
푸른 기운의 나무들
꽃바람으로
구름도 여기에선 향기로운 꽃

오래된 숲

경남 함양군 상림숲
고운 최치원 선생님의 얼이 숨 쉬는 곳

상림숲 인공 숲의 내력도
우리나라에서 가장 오래전 만들어졌다는 것
백성을 사랑하는 선비 정신도
대대손손 천재지변을 막을 수 있는 자연의 힘도
모두가 인간의 의지와
사랑이 깃든 곳이었다.

둘이 손잡고 서원 명승지 곳곳을 순례하며
자연의 아름다움
미래의 꿈을 꾸어 가며
세상 속 빛을 보았던 시절
참 어렸던 시절이었다.

춤추는 한강

생명의 근원 유유히 흐르네
억겁의 세월
온 마음 다하여 기쁨이 있었을까
슬픔도 있었을까

비단 물결 위 솟아오른 추억
하얀 나비 되어 날고
노을 속 붉은 석양
구름 안고 물속으로 들어간다

겹겹이 쌓인 시간
그리움 되어
흐르는 강물
초록이 피어오른다

농월정

경치가 얼마나 아름다운 곳이길래 농월정이
라 했을까
사계절 맑은 물과 푸른 산
암반이 돗자리를 편 듯 하늘만큼 넓었다
잔잔한 계곡물에 발을 담그고
500년 선비의 숨결을 잠시라도 마셔 본다
그 자리 수백 년의 역사를 간직한
유서 깊은 정자 농월정
달을 희롱한다는 정자
옛 선비들의 모습을 되새겨 본다
조선 선조 때 관찰사 예조참판을 지낸
지족당 박명부 광해군 때
영창대군의 죽음의 비통함과 실정을
직간하다 파직된 한이 서린 곳
은거하며 1673년에 건립했다는
역사 이야기까지…

참 교육자인 그대 선비의 눈으로
세상을 살다 보니 지금도
아름다운 꿈속을 헤메이는
이유는 무엇일까
언제나 푸른 산과 맑은 물 바위도
변치 않는 님이기에…

봄이 노래하네

싸락눈 이불 덮고
살얼음 걷는 목숨
따뜻한 봄비 먹고 웃고 있다

담장 밑 난초 혀 내밀고
별꽃 노는 자리에는
노랑나비 모여든다

제비꽃 날개 위에
춤추는 봄비

옛 동무 기다리며
우산 펴고 서 있네

관수루 학춤

반석 위 허리굽은 8개 기둥 하늘을 받쳐들고
자연을 노래하네
한발 한발 소리 없는 걸음

누각 위로 오르는 도포 자락 창공을 휘젓는다

제자리 한 발 세워 먹이를 찾고 깃을 고른다
우아한 자태 고고하다
님들의 혼 실었는가

구연서원 관수루 글 읽는 학의 노래
원학골 맑은 물
주야로 흐르니
산고 수장 얼 안고 춤추는 학

도포자락 날개
휘감은 인본의 얼
자연을 닮으라 하네

3부
숨어 울던 작은 새

숨어 울던 작은 새

관악산 푸른 숲속
독수리 꿈꾸며 하루 18시간
엉덩이 옹이 박히고

바람결에 안부 전하는 빗물은
한강수 되었지
하늘은 높고 뜨거웠다

잡았던 동아줄 내려놓고
언제나 푸른 하늘 이고
길 따라
다음 역 달리는 기적 소리
아직은 새싹이다

푸른 하늘과 숲과 나

찔레꽃 필 때면

하얀 향기 속 깊게 뻗은 햇빛
가던 길 멈추네
앵두빛 입술
찢긴 가슴

윤사월 꾀꼬리 소리
감나무에 걸리고
그리움은 동구 밖을 서성인다

연두빛 잎 사이로
하얗게 꽃비 뿌리면
빈 항아리 바가지 긁는 소리

먼 산 뻐국새 울음에
감꽃 줄줄이 엮어
그대 향기 바람 타고

기린 목 된다
하얀 숨 고르며 피는 꽃

마음밭 하늘에 걸어두고

마음이 풍요하다
문 열고 바라본 초원에는
말들이 뛰놀고 있다

누워있지 말고
물레방아 돌 듯 움직여라
개싸움 봐도 웃고
닭싸움 봐도 웃어라

참새떼 재잘대는 골목에서도
마음 빗장 풀고
맞장구치며 웃어라

마음밭 하늘에 걸어두고
하늘거리는 잎새 따라
초록빛 안고 걸어라

가을비 소리

창밖을 두드리는,
그리움이 빗소리에 나부낀다
푸르름과 작별하는 소곤대는 멜로디
고개 들었던 벼 이삭 참새떼 쫓으며
휘휘 젓던 팔 내리고
철퍼덕
엉덩방아 찧는다

황금 들녘 고개 숙이고 사랑이 익는다
생명수 머금은 구름
바람 없인 못 가네

자연의 선물
오색 옷 입고 찾아온
내 안의 가을비
곳간을 채운다

가을 남자

무지개 넥타이 풀어헤친
갈잎 소리 듣는다
바람이 가져다주는 음률
강 언덕 갈대숲
서성이는 오동잎

붉은 칼날 흔드는데
베이지 않게 하소서

그대가 넘겨준 오차 없는
자연의 이치
뜨거웠던 초록의 합창 붉게 물들었다
낙엽 밟는 소리
귀뚜라미 소리
가을 남자의 소리

신부여!

비상하는 독수리
만상의 얼굴
관악산 자락에 맑은 햇살

더없이 축복받는 날
하늘의 은혜 충만하여라

독수리 날개 위에
청운의 꿈 싣고 날아라
더 높이 그대 있으매
가을 산 타는 가슴 용광로보다 뜨겁다

하얀 면사포 쓴 신부여

2017. 10. 21

사랑한다는 말

아침 해 하늘에 걸리기 전
산을 오르고 내리다보니
강산이 세 번 바뀐 어느 날

산 중턱 내어주는 바위 마당
참선하는 학의 자태
하늘도 곱다

사랑한다, 사랑한다
오가며 불러 준 사랑의 언어
등 굽은 소나무도 그늘을 내어주며
쉬었다 가라 한다

사랑이란
두려워하지 않는 것

장미

조건 없는 사랑이란
언제나 가슴 벅찬 아름다움

장미 가시에 찔릴까 두려워 말라
언제나 감동의 사랑은
상처를 남기지 않는 법

사랑은 삶의 원천
마음이 병든 이들의 명약

진정한 행복은 사랑이니
사랑에 푹 빠져 볼거나

사랑은 오래 참게 하는
미움의 해독제
악의 씨앗을 제거하는 묘약
사랑 가득 가슴 품으면 아름다운 세상

인간이 인간답게 살 수 있는 지름길

사랑하라
그저 조건 없는 나만의 사랑으로
사랑하라

씨앗을 위한 찬가

한 그루의 상록수로
사랑의 물로 키웠네
밤이면 별이 되고
낮이면 뜨거운 햇볕으로
바람 불면 마음 흔들릴까
동아줄로 묶어 주었네
달 뜨는 날이면 그네 타는 손
서로 잡아주는 하늘이 맺어 준 인연
사계절 자연에게 배우며
꽃 피는 봄날로, 무성한 초록으로, 황금 들녘으로
눈 오는 하얀 지붕 이고
실타래 풀어 가며 축복의 촛불 태워
감사로 그렇게 살라 했네

기억의 보름달

그렇게도 달이 밝았지
휘영청 바다 안고
파도 소리 들리는 해운대 산책길

날마다 내 가슴에
보름달로 뜬다
쌓였던 기다림의 구름 걷어내고
2020년 음력 8월 15일
오늘도 나는 계수나무 심는다

사월의 오후

봄이 익어가는 나른한 오후
연분홍 꽃잎들, 무지개
그리고 심술쟁이 봄바람
분홍 옷 벗긴다

허기진 농부의 밭갈이 한창인데
새참 이고 올 아낙들의 모습
지금은 아련한 추억일 뿐

세상은 변해
살기 좋다는 배고픔 없지만
오히려 부족함 없어 아우성

감사를 모르는 사람들은
절름발이 목발 짚고
천 리를 가고 있는…

천개의 질문

아는가 모르는가
인간의 욕심으로
피지 못한 꽃잎들의 낙화를
수천만 개의 꽃잎들은
된서리로 멍들고 찢기고
낙화되어
땅속에서도
아우성치며 통곡할 것이다
붉은 강물은 흐르고
갈망하는 생명
평화와 자유
전쟁은 없어야 한다
인간의 욕심으로 무고한
생명을 앗아간 전쟁
6·25여~

찔레꽃 사랑
－전쟁 미망인

유월의 편지가
하얗게 푸른 산야에 뿌려지고
소금물 안고 떠나는 찔레꽃

노을빛 고운
청보리밭 이랑 안고
우는 가야금 뻐꾹이
노래로 흐느끼는 꽃.

하늘은 알고 있다
한으로 숨어 우는 앵두입술

첫날밤 옷고름 풀지 못했던 사랑
찔레꽃 하얀 젖무덤
영혼의 숨소리 가녀리다

다시 새순이 날거야

흔들지 마 흔들리지 마
연초록 물들지 못하고
바르르 떨고 있을 때

너는 모진 광풍으로 흔들리고 찢기고
회오리 바람으로
헤아릴 수 없는 기억

뿌리 깊은 나무는 흔들리지 않아
찢어 놓고 부러뜨려도 어림도 없어
다시 새순으로 돋아
푸른 잎 무성한 초록으로
하늘에 쓴 편지가 있어

위수의 거북바위
나만 바라보고 있어
다시 새순이 돋을 테니까

마음의 창

밝은 아침 햇살
나목들의 수런거림
웃으며 오가는 거리

연둣빛 혀 내미는
아기 입
빛의 생명

하늘에 창
마음에도 창
푸른 강산으로…

-2022년 3월 9일 대통령 선거

무궁화 꽃이 피었습니다

3·10 새벽
동녘 하늘 밝은 햇살
웃는 소리
민초들의 염원
하늘문이 열렸다

맑은 옹달샘 솟아
온 누리에 단비를 내리어라

-2022년 3월 9일 대통령 선거일 투표하다

93세 할머니의 증언

젖먹이는 아낙들의 가슴은
가뭄에 타 버린 한포기의 나락(벼)이었다.

쌀 한 말 구하기 위해
고향에 남겨 둔 논 한 마지기
팔고 또 팔아 연명하던
해방의 기쁨도 남의 일
무법천지의 아우성

제일 무서운 건

배고픔이라 하였다

-일제강점기 말밥굽에 짓밟혀 육신이 찢어진 장애로 민족혼은 살아나 해방을 맞았지만 귀환동포의 설 곳은 조국 고향뿐. 그러나 오랜 가뭄과 도적들의 착취로 곡물은 뛰고 너도나도 쌀 한 톨 내놓지 않아 귀환동포들은 기아에 허덕이며 다리 밑에서 숨을 거두었다

공허로 채워졌던 푸른 꿈은

이제 무엇으로 존재하는가

거북바위는 알고 있다

뼛속에 남아 있는
녹슬은 까만 가슴

공허로 채워졌던 푸른 꿈은
이제 무엇으로 존재하는가

뿌리 깊은 나무
뽑아내지 못하고
광풍 속에 흔들려도

이름 석 자 새겨 넣은
거북바위의 부릅뜬 눈
감겨줄 그날이 언제일까

뚝뚝 떨어지는 거북바위
이 나라를 걱정하는 국민들의 눈물

4부
구월의 노래

2월의 숨소리

시린 바람 속 노란 얼굴
고동치는 심장은
북소리로 온다

파르르 떨었던 잔가지
연둣빛 물오르고
진주알 눈트니 향기로 피어나고
햇살 가득 황금빛 콧노래

매화 산수유 어깨동무하고
봄을 부르고 있네

종달새 노래하는 2월
다가오는 봄의 발자국 소리

너를 기다리다

소쩍새 울음에 살풋 잠이 깨어
기린이 되어 너를 기다린다

이끼 낀 담장 넘어
꽁꽁 얼어 떨고 있던 너

양지바른 토담 길 모퉁이
하늘 보고 핀 꽃
하늘 보고 웃는 순이 얼굴

모가지가 아프다

봄비 먹고 안개 걷히면
향기로 피어나리

봄은 왔는가

하품하며 기다리는 정오
살며시 창문 두드리는 햇살이
산을 오르게 한다
물오른 나무들의 푸르스름
반짝반짝 눈알 세우고
돌아본 무덤가
할미꽃 족두리꽃으로 피었다

떡갈잎 누운 자리
노란 혀 내민 이름 모를 풀
푸른 하늘에
조각구름 한가롭다

달빛이 놀다 간 자리
그네 타는 별님
사랑의 햇살이 머문 곳마다
생명의 탄성소리

입춘대길

햇살 가득 안고
봄 손님 오신다

대문 활짝 열어
기다리는 바람
마음 깊은 곳 옹달샘
퍼내어도 가득차는
어머니의 마음

입춘대길 건양다경
새싹은 돋아 땅속은 아우성이다

맑은 햇살 머문 곳마다
온 누리 기지개 켜며
하늘마음 찾아드는 어머니 사랑

봄으로 밥상을 차리다

다섯 식구 먹이려고
시장을 다녀온다
재래시장 점포마다
봄이 그득그득하다

빨간 딸기 노란 참외 발그스름 토마토
달래, 쑥, 머위, 씀바귀
시장바구니 봄이 그득하게 담겼다

쑥 냉이로 국 끓이고
머위 미나리 데쳐 초간장 만들고
얼갈이김치 돌나물 미나리 물김치
노란 계란 삶고
된장국 보글보글 아침상을 차린다
봄을 먹는다

매화 가지에 앉아

내리는 빗속으로 그리움이 뛰어다닌다
함께 걸었던 추억 속의 사랑!
봄바람으로 왔다가 떠났던 너!

우산 속 둘이 걷던 과수원 길 행복했었지
하얀 별꽃, 하늘 닮은 제비꽃
이랑 이고 예쁘게 찾아든 자태
곱기도 해라

내 마음
매화 가지에 앉아
봄비 바라보며 그리움을 줍고 있다

행여 오시려나 바람 따라
가셨던 임
시린 가슴엔 봄꽃이 피어나고

여름 바다

벌거숭이 인어들의 춤사위
갈매기 떼 무리 지어
구구 노래 부르며 장단을 맞춘다

하루에도 수십번
파도를 일으키는
바다를 바라보며
마음의 때를 벗긴다

동무와 멋내기 하며
서로 예쁘다 자랑하던
푸르던 시절에는 파도로 출렁거렸다

이글대는 용광로 속
여름 바다가 좋아라 부른다

한여름 밤의 행복

키다리 수염 달고 병정놀이 요란하다
족두리꽃 겹겹이
행복 담아 피고 지고

광활한 우주엔 은하가 집을 짓고
별꽃 잔치 황홀하다
생솔가지 피워대는 연기에
향그러움 실린다

하모니카 입에 물고
여름을
모깃불 헤집으며
바람도 놀다 가는

추억 속 여름

가을

더 푸르게 높아서 텅 빈듯한 하루
붉나무 잎새보다
더 붉은 가슴 놓고 간 서정에
베이지 않게 하소서
그대가 넘겨준 오차 없는 계절
냉기를 안고 온 바람도 떨고 있다

하늘은 바다를 안고
바다는 하늘 위를 유영할 때

낙엽 밟는 소리
귀뚜라미 소리
음률이 붉게 파도치는
가을이 흔들리고 있다

구포 나루 연가

어여쁜 그대 눈 시리도록
흘러온 칠백 리 돌고 돌아
푸른 물 품어 안고
어제 온 강물이
바다로 떠나고
오늘 온 강물은 여정을 푸네

창공의 여백 속에 추억이 살찌는
만나고 떠나는 구포 나루
죽음을 넘어선 금빛의 강물
물비늘로 일렁이며

재첩잡이 통통배
연둣빛 싣고 오려는가—

가을비

창밖을 두드리는 그리움이
빗소리에 나부낀다
푸르름과 작별하는 수런거림
황금 들녘 고개 숙인 사랑이 익는다

생명수 머금은 구름

오색 옷 입고 찾아온 내 안의 가을비
고요히 마음의 곳간을 채운다

가을 편지

오색 엽서
잘 받았습니다

당신은 세상을 아름답게 물들이는 화백
늦가을 곡간에
채워진 사랑

아니, 곧 봄이 온다는
사랑의 꽃편지였나요?

당신의 숨결 핏빛 붉은 이파리
더 맑고 깊은 그날을 위한
당부의 말씀이 새겨져
고개 숙인 벼가 되었습니다

구월의 노래

꽃잎이 지는 소리
초록의 잎들이 옷을 갈아입는다

더 황홀하게
더 아름답게

오색 나뭇잎의 무정함도
구월이 가면
마음에 새겨 둔 사랑은
낙엽 밟는 소리로 그리움에 젖는다

노란 나뭇잎 책갈피에 끼워두고
사랑이란 가지 못하고
꽃잎이 지는 소리

찔레꽃

입 다문 산아
풀숲에 숨어
당신을 부른다

하얀 입 속 향기로
가시 돋은 봄

달빛 이고 첫 순정
하얀 편지로 띄운다

신소미 시인의 문학세계

뿌리 깊은 나무의 서정
– 사랑은 가지 못하고 꽃잎 지는 소리

이철호(소설가, 새한국문학회 이사장)

신소미 시인의 시는 깊은 서정성이 느껴지는 작품들이 많다. 하지만 단순히 '서정성'이란 문제로 그의 시를 논하자면 지극히 평범한 시가 될 수밖에 없을 것이다. 그의 시들이 걸출하게 느껴지는 것은 한순간에 짚어낼 수 없는 생의 깊은 안목과 통찰력이 절묘한 시적 형상화를 이루고 있기 때문이다. 그리하여 마치 무성한 잎새의 나무가 굳건하게 뿌리 내리고 있는 듯 애련하면서도 절개가 느껴지는 작품들은 한번도 마주한 적이 없는 새롭고도 놀라운 시의 세계를 경험하게 한다. 삶에 대한 처절하리 만큼 진지한 시야가 만들어내는 애틋한 시적 정조는 완성도

높은 시적 형상화와 자신만의 독특한 시어 속에 경이롭도록 아름다운 것이다. 그러면서도 때때로 유머와 위트를 잃지 않는 해학이 넘치는 시는 독자로 웃음과 카타르시스를 경험하게 한다.

슬픔은 없다. 세상은 사랑의 지지대로 견고하다. 하루하루 격정의 삶이 이루어낸 열매들은 윤택하고 풍요하다. 그러니 기쁨과 환희가 넘칠 수밖에 없다. 시인은 '꿀단지 옆에 끼고 산다'고 직설적으로 삶을 표현해내고 있다. 삶이 꿀단지가 될 수밖에 없는 이유는 꿀이 담겨있기 때문이다. 그 꿀의 정체는 다름 아닌 '사랑'이다. '사랑'이 있기에 '그대의 숨소리'가 내 가슴을 뜨겁게 달구는 용광로가 되고, 풍파 많은 세상도 '꽃길'이 된다.
이러한 사랑에 대한 작가의 생각이 다소 해학적으로 묘사된 시가 '곶감'이다. 언뜻 동시를 읽고 있나 하는 생각이 들 정도로 단순한 비유를('보송보송 하얀 분 바르고') 끌고 왔다. 하지만 시를 좀 더 깊이 들여다보면 '사랑'에 대한 시인의 깊은 철학이 담겨있다는 것을 알 수 있다. '호랑이도 무서워 도망가는/ 달콤한 그 맛이' 사랑이다. 사랑에는 두려움이 없다는 시인의 강인함이 단적으로 드러나 있다고 볼 수 있다. 사랑에 대한 거칠 것 없는 강인함 – 어떤 유혹이나 어려움도 범접할 수 없는 경외감으로 무장된 사랑이란 무지개 걸린 하늘을 바라볼 수밖에 없고 꿀단지 이고 사는 행복한 삶일 수밖에 없다.

    보송보송 하얀 분 바르고
    호랑이도 무서워 도망가는
    달콤한 그 맛
    곶감을 먹었다

    양가 부모님 허혼으로 약혼 기간
    1년 내내
    무지개 걸린 하늘 바라보며

    사랑을 배우고

행복도 맞이하고
꿀단지 이고 살았네
-〈곶감〉 전문

꿀단지 옆에 끼고 산다
사랑하면 모두가 행복하다
만병의 명약

그대 숨소리 들릴 때
가슴에 뜨거운 용광로
태양으로 빛나고
꽃길만 걷는 우리들의 사랑,
사랑은 위대하다
그 사랑 영원하리라
-〈꿀단지〉 전문

이렇듯 영원성과 연결된 사랑의 실천적인 방법론 내지는 시인의 인생 방법론이 담긴 듯한 시가 '마음밭 하늘에 걸어두고'이다.

누워있지 말고/ 물레방아 돌 듯 움직여라/ 개싸움 봐도 웃고/ 닭싸움 봐도 웃어라// 참새떼 재잘대는 골목에서도/ 마음 빗장 풀고/ 맞장구치며 웃어라

아예, 시시비비하지 말라고 한다. 묵묵히 자신의 일에 충실하라고 한다. 해학적인 어투에 담긴 시인의 삶의 철학이 가감 없이 진격해 온다.
'물레방아 돌 듯 움직여라'는 표현에는 지루한 일상을 묵묵히 견뎌야 한다는 암묵적인 인내의 요청이 느껴진다. 이것이 가능한 이유는 마음은 하늘에 걸어두었기 때문이다. 높은 하늘에서 펄럭거리며 세상만사를 바라볼 때 땅에서 죽고 사는 문제마저 초연해질 수 있을 터, 그리할 때 우리의 마음은 말들이 뛰어노는 광활한 초원이 될 수 있다.(1연) 수미상관적 의미망 안에서 생소하고 투박한 명령조의 이 시가 의외의 공감의 박수를 불러올 것 같다.

이렇듯 자신감 넘치는 행복한 시인의 시에서 왜 슬

품이 배태해 있다고 느껴질까. 완전체로서의 '슬픔'이거나 독자적인 생명력으로 독자들의 감성을 사로잡지 않는다고 하더라도 마치 발목 정도까지 자작이는 물처럼 시인의 시에 깃들인 슬픔의 정조가 아련하게 독자의 가슴에 젖어드는 이유는 무엇일까.
어머니를 노래한 思母曲은 많다. 그러나 어머니를 그토록 사모하여 마치 연인을 부르듯이 어머니를 '임'이라 호칭한 경우는 그리 흔하지 않다. 너무나 사랑하는 어머니이기에 어머니를 끌어안고 싶고 또 긴 이야기를 펼쳐놓으며 어머니의 따뜻한 입김으로 내 마음을 녹이고 싶은데 이 땅에 계시지 않기에 그리움만 쌓이는 것이다. 그립지만 다시 만날 수 없는 어머니기에 보고픔은 일종의 恨처럼 서리게 된다. 하지만 시인의 恨이거나 슬픔은 회의적인 것이 아니라 오히려 건강하다. 어머니의 사랑을 살뜰히 받았고 그 어머니의 사랑을 온 마음으로 받아들이며 화답했던, 어머니와 충만한 교감이 있었기 때문이다. 어머니와의 이별은 자연의 섭리에 따른 자연스러운 것이었다.

먼저 〈콩밭에 든 삼복더위〉를 살펴보면 화덕 불을 피운 듯 뜨거웠던 콩밭에서 김을 매시던 어머니가 울타리 자외 하나 썰어 마시던 모습까지 아름다운 자태로 시인의 가슴에 남아 있다. 〈엄마손 약손〉은 온갖 궂은일로 까칠해진 엄마 손이 아픈 배를 만져 주실 때면 씻은 듯이 나았던 것을 추억하고 있다.

> 17대 종부셨던 당신은
> 구중궁궐 외로운 한 떨기 백합이셨습니다
> 해당화 거친 숨결로
> 자장가를 불러주셨던 당신은
> 나에게 세상의 전부를 가져다 주셨습니다
> …
> 명절이 되면 제 가슴도
> 용광로 같은 숨 토해냅니다
>
> 당신은 한 송이 백합이셨습니다
> 해당화 숨결로
> 그리움이 옵니다
> − 〈그대 있음에〉

어머니는 '백합'이셨고 또한 '해당화'로 비유되시는 분이시다. 한 시 안에 꽃의 심상을 두 가지나 가지고 온 이유가 무엇일까. 백합은 고운 자태를 해당화는 바닷바람 같은 짠 내 '노고'와 풍파를 거스르는 '기풍', 그리고 생명의 기운을 불어넣는 '숨'으로 고고함과 꺾이지 않는 기백을 녹여내고 있다. 한 떨기 백합으로 아름다웠던 당신이지만 삶의 한 가운데서 사랑하는 자녀를 위한 수고를 아끼지 않았고 명절 때가 되면 17대 종부로서 차례 음식을 책임져야 했던, 가볍지 않았을 삶의 무게에 하늘거리는 꽃잎의 숨결은 얼마나 가빴으리오. 어머니의 그 삶을 알기에 시적 화자도 명절이 되면 용광로 같은 숨을 토해낸다고 한다. 우리 모든 어머니가 다 그러하였을 터, 어머니에 대해 애틋함과 어머니의 위대함에 대한 찬가까지를 아우르는 큰 시야를 가진 시이다.
이러한 시인이기에 노릇하게 구워진 고등어자반만 보아도 어머니 생각이 난다.

　　푸른 등 얼룩무늬가

파도처럼 일렁인다
겨울 밥상에 자주 올려지는
좀 흔한 생선

눈이 풀풀 내리면 석쇠 위에
노릇하게 구운 고등어자반
토막 내어 어른 진짓상에만 올렸던
그땐 귀한 생선이다
...
가신 임 그리며
생선을 멀리하는 습관은
그때의 기억 때문이리
-〈고등어자반〉

'푸른 등 얼룩무늬가/ 파도처럼 일렁인다'며 시의 문을 열고 있다. 독자는 고등어 한 마리에서 확 트인 파란 바다를 읽을 수 있다. 이러한 싯구를 앞에 두고 고등어는 더 이상 시시한 한 마리 생선이 아니다. 바다를 업고 다니는 바다를 대변하고 있는 존재이다. 그러므로 어머니 생각에 고등어 먹는 것 조차 죄스럽게 느껴져 생선을 멀리하는 습관이 생겼다는 내용이 큰 시야 속 풍부한 감성으로 놀랍도록 아름답게 그려지는 데 큰 몫을 하였다고 여겨진다.

〈이때쯤이면 무밥을 먹는다〉는 어머니에 대한 기억이 보다 구체적 일상의 사건 속에서 그려지고 있다.

    칼바람 속 천지는 설원
    먼 산 푸른 소나무 가느다란 햇빛이 따뜻하다

    무채 써는 소리
    탁다 탁다 손이 시렸다
    땔감 부족으로 안방은 냉골이었다
    아랫목은 자식들 내어주고 긴 밤 추위를 안고
    옛이야기 들려주시느라 당신은 서리꽃으로 피었다가

    당신은 무채 써는 소리로 아침을 깨운다

들큼한 무밥 냄새가 청솔가지 향긋한 연기에
문지방을 넘어왔다
…

철부지 머리에 목화꽃이 핀다
두레상 둘러앉아 먹던 무밥
그리움의 긴 강이 흐른다
-〈이때쯤이면 무밥을 먹는다〉

'칼바람 속 천지는 설원/ 먼 산 푸른 소나무 가느다란 햇빛이 따뜻하다'며 시의 도입부에 설정된 배경은 독자적인 영역인 동시에 연역적 구조로 2, 3, 4, 5연의 결정체의 역할을 감당하고 있다. 이는 밤새 윗목에서 자식들에게 옛날이야기 들려주다가 무채 써는 소리로 아침을 깨우는 어머니의 모습과 두레상에 앉아 뜨끈한 무밥을 먹던 풍경의 또 다른 형상화로 이해되기 때문이다. 한편의 동화 같은 이야기가 밀도감 있게 그려진 설원 위로 무채 써는 소리가 햇살로 흩어지고 있다.

하지만 사모곡(思母曲)의 절정은 〈동행〉이 아닐까
한다.

> 내 안에 있는 당신
> 가슴 깊이 쌓이는 그리움
>
> 흔들리는 잎새가 되었다가
> 안개비 내리는 날엔
> 길섶 모퉁이 이름 모를
> 들꽃으로
>
> 가끔은
> 내 마음 흔들고 가는
> 잡을 수 없는 바람
>
> 그대는 아직도 내 마음 안에
> 피는 꽃
> 내 인생 푸른 심연의 숲
> -〈동행〉 전문

얼핏 〈동행〉의 주체는 연인으로 이해되기 쉽다. 감히 누가 '어머니'를 '그대'로 표현할 것이며 '내 마음 안에/ 피는 꽃'이라 하겠는가. 아니다. 어쩌면 시인에게 어머니는 연인이었는지도 모른다. 남녀의 지극한 사랑이 남녀를 떠난 보편적인 사랑으로 확장해 가듯이 어머니에 대한 지극한 마음이 연인처럼 깊어갈 수도 있으리라. 그러니 시인에게 있어서 어머니는 어머니의 '절대성'이 빚어내는 교향악이다. '흔들리는 잎새'로 '이름 모를 들꽃으로' '잡을 수 없는 바람'으로 피어나는, 그러나 푸른 숲의 심연— 어머니가 베풀었던 그 모든 사랑의 기억에서 비롯되는. 독특하고 아름답게 조율된 시이다.

〈고향〉〈사계의 고향〉은 그리움과 함께 세월의 무상함을 느끼게 하는 시들이다. 그러면서도 여전히 신소미 시인의 시에는 소망의 씨가 흩뿌려져 있다는 것을 알게 된다.

바람이 이끌어

다다른 곳
46년 돌아온 길

아직도 붙어 있는
아버지 문패
하염없이 삭아가는데

고개 들어 눈물 감출 때
구름 사이 내미는
그분의 얼굴

앞마당 배롱 꽃은
여전히 붉은데…
-〈고향〉 전문

주인 없이 턱 버틴 무궁화
봄부터 가을까지
이끼 낀 담장만 바라본다
서산에 걸린 태양

붉게 타오르고
훌쩍 자란 나리꽃이 울타리 너머 하늘거린다
바람이 몰고 온 들녘
아직도 그대로인데
나는 어이 눈꽃이 피고
하늘 소리만 들었는가
〈사계의 고향〉 전문

왜 바람이었을까. 고향으로 이끈 주체가 '바람'이었다고 시적 화자는 말한다. 그 바람은 그저 스쳐 지나는 살랑바람이 아니라 거역할 수 없는, 존재의 중심부로부터 불어오는 바람이다. 어쩌면 너무나 자연스러워서 저항의 필요를 느끼지 않을지도 모른다. 강을 거슬러 회귀하는 연어의 본능처럼 말이다.

'아버지 문패'는 어쩌면 고향의 전부일지도 모른다. 여전한 현존 속에서도 햇빛과 비바람 속에서 바래져 가고 있는… 하지만 시인은 가슴 속에 있는 아버지와의 조우로부터 삭지 않는 영원성과 맞닿게 된다. 그러므로 여전히 붉은 배롱꽃은 문패와의 대비적 요소이기도 하지만 영원불멸성에 대한 새로운 자각이기도 할 것이다. 〈사계의 고향〉은 비슷하지만 사뭇 다른 분위기를 풍기고 있다. 무념무상 무궁화가 빈집을 지키고 있고 한 계절 자라난 나리꽃이 담장 너머 흔들거리고 있다. 역시, 들녘을 몰고 온 것은 '바람'이었다. 빈집 안으로 고향 들녘이 들어서는 장면은 광대함을 느끼게 하는 걸출한 표현이 아닐 수 없다. '눈꽃'이 흰머리를 의미하는지 아니면 또 다른 상징성을 나타내고 있는 것인지는 불분명하지만 이제 '하늘 소리'을 들을 만큼 인생의 연륜은 깊어졌다. 결국 '하늘 소리'란 고향으로의 회귀를 의미하지 않겠는가.

한편 가을을 노래한 신소미 시인의 시들은 서정 깊다. 가을과 단풍을 노래한 수많은 시들 속에서 이토록 아름다운 가을의 노래를 발견하기란 쉽지 않을 것 같다. 시에 깃들인 철학적 무게가 그윽하게 시를 빛나게 하는 것일까. 그리하여 '사랑이란 가지 못하고/ 꽃잎이 지는 소리'를 들어야 하는가. 아마도 그것은 가을의 운명인지도. 꽃잎이 지는 소리를 들으면서도 초록의 잎들은 초대받은 향연을 위해 화려한 옷으로 갈아입는다. 무정함은 아름다움을 더 황홀하게 하는 깊은 유혹이다. 결국 낙엽 밟는 소리로 그리움에 젖을 줄 알면서도….

꽃잎이 지는 소리
초록의 잎들이 옷을 갈아입는다

더 황홀하게 아름다운
오색 나뭇잎의 무정함

구월이 가면
마음에 새겨 둔 사랑은
낙엽 밟는 소리로
그리움에 젖는다

노란 나뭇잎 책갈피에

끼워 두고
사랑이란 가지 못하고
꽃잎이 지는 소리
-〈구월의 노래〉 전문

〈구월의 노래〉가 '사랑이란 가지 못하고/ 꽃잎이 지는 소리'란 숙명의 역설 속에서 애련하게 황홀하다면 〈가을 남자〉는 굵은 선으로 남성적인 아름다움이 걸출하다.
갈잎 소리를 무지개 넥타이로 형상화한 공감각적인 표현이 '서성이는 오동잎'마저 연인을 기다리는 남성적 이미지를 연상시키는 이중적 효과를 이끌어내고 있다. 한편 가을의 서정이 얼마나 위협적이면 '베이지 않'기를 기원할 수밖에 없는 '붉은 칼날'일 것인가. 〈가을 남자〉에서는 단지 가을의 서정이 아니라 인생의 깊은 통찰과 안목에 기인한 변주가 수작을 만들어내고 있다. '그대가 넘겨준 오차 없는/ 자연의 이치' 앞에서 우리는 또 얼마나 겸허해야 할 것인가.

그렇다. 신소미 시인의 시에서는 깊은 삶의 관조에서 흘러나오는 겸허함이 있다. 그 겸허함이란 돌이킬 수 없는, 단 한 번뿐인 삶을 어떻게 살아야 하는지에 대한 깊은 통찰력에서 비롯한 무엇 하나도 허투루 지나칠 수 없는 애절함이 있다. 그러므로 '무엇에든지 진실하며, 무엇에든지 경건하며 무엇에든지 옳으며 무엇에든지 정결하며, 무엇에든지 사랑받을 만한' 삶의 지향이 뿌리 깊은 나무의 서정으로 독자에게 새롭고도 경이로운 감동으로 다가온다. 그것은 결국 '사랑'으로 귀결되는바 시인은 시의 곳곳에 사랑의 씨앗을 품고 있다. 그 씨앗들이 독자의 가슴에 슴슴히 스며 튼실하고 아름다운 나무로 자라 꽃 피우고 열매 맺기를 바라마지 않는다. 시집 상재를 축하드린다.

1판 1쇄 발행 2023년 5월 8일

지은이   신소미
펴낸이   강신옥
펴낸곳   한국문인출판부
        등록번호 | 2021 -000235
        서울시 마포구 월드컵북로235 19-704
        ☎ 010-9585-7785
        gtree313@gmail.com

Printed in Korea ⓒ 2023 신소미
값 13,000원
ISBN 979-11-982182-2-3

※ 잘못된 책은 바꿔 드립니다.
※ 저자와 협의하여 인지 생략합니다.